AF242295

ESSAI

SUR

DUPLESSIS-MORNAY

ET SON APOLOGÉTIQUE.

THÈSE

PUBLIQUEMENT SOUTENUE

DEVANT LA FACULTÉ DE THÉOLOGIE PROTESTANTE DE MONTAUBAN,

En Décembre 1871,

Par E. CAMUS, de Saint-Secondin (Vienne),

BACHELIER ÈS-LETTRES,

Aspirant au grade de bachelier en théologie.

MONTAUBAN,

IMPRIMERIE COOPÉRATIVE, RUE BESSIÈRES, 28. — J. VIDALLET.

1871.

A LA MÉMOIRE DE MON PÈRE.

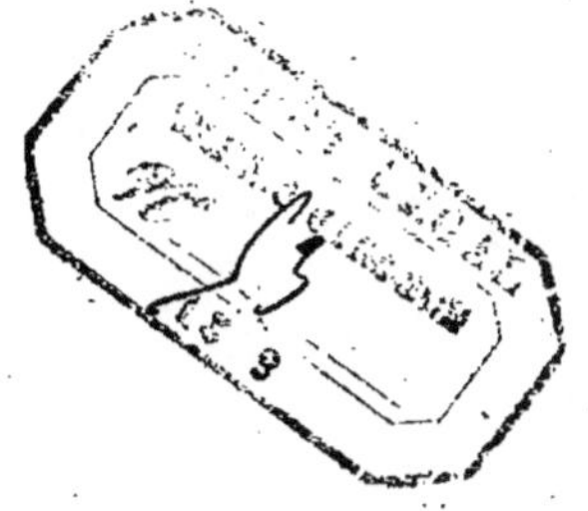

A MA MÈRE.

A MES FRÈRES.

HOMMAGE, AFFECTION ET RECONNAISSANCE.

A M. DE PRAT, Pasteur,

Directeur du Séminaire protestant,

Souvenir affectueux et reconnaissant.

MEIS ET AMICIS.

E. CAMUS.

A LA MÉMOIRE DE MON PÈRE.

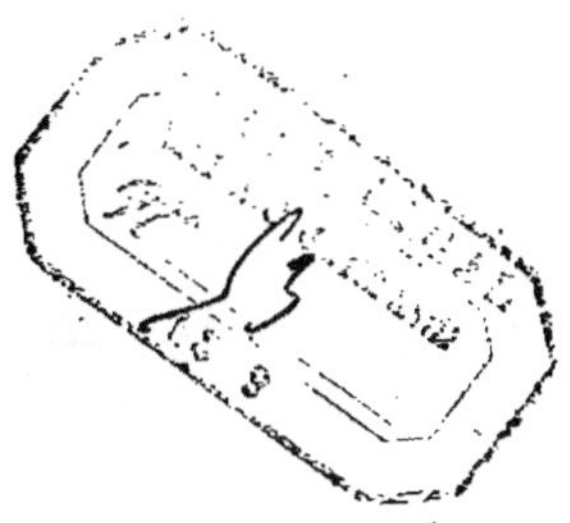

A MA MÈRE.

A MES FRÈRES.

HOMMAGE, AFFECTION ET RECONNAISSANCE.

A M. DE PRAT, PASTEUR,

Directeur du Séminaire protestant,

Souvenir affectueux et reconnaissant.

MEIS ET AMICIS.

E. CAMUS.

PROFESSEURS :

MM.

SARDINOUX ✳, Doyen,	*Exégèse et critique du N.-T.*
NICOLAS ✳,	*Philosophie.*
PÉDÉZERT,	*Littérature grecque et latine.*
BOIS,	*Hébreu et critique de l'A.-T.*
MONOD,	*Dogmatique.*
BONIFAS,	*Histoire Ecclésiastique.*
N.,	*Morale et éloquence sacrée.*

EXAMINATEURS :

MM. BOIS, *Président de la soutenance.*
  SARDINOUX ✳.
  BONIFAS.
  NICOLAS ✳.

DUPLESSIS-MORNAY

SON APOLOGÉTIQUE.

Duplessis-Mornay (1) est certainement l'une des plus nobles figures de la Réformation au XVI⁰ siècle ; au milieu de cette époque si féconde en héros, en caractères vigoureusement trempés, il nous apparaît comme le type du chrétien austère, comme l'homme de la conscience et du devoir.

Né de parents catholiques, mais d'une mère qui penchait vers la Réforme, de bonne heure il fut entouré des deux influences religieuses qui se partageaient la

(1) Duplessis-Mornay, seigneur Duplessis-Marly, conseiller du roi, ambassadeur, grand capitaine ; plus tard, gouverneur de Saumur, représentant les Églises réformées auprès de Henri_IV ; né à Buhy le 5 novembre 1549, et mort, dans la baronnie de la Forêt-de-Sèvres, le 11 novembre 1623.

France. Sa mère, comme par un instinct de ce qu'il devait être plus tard, commença, sur la recommandation de Jean Morel, par lui donner un précepteur réformé, Gabriel Prestat, qui lui inculqua les principes de la pure doctrine.

Son père, s'en étant aperçu, le retira des mains de ce précepteur pour l'envoyer à Paris au collège de Lisieux, dans un milieu tout catholique. Mais il mourut quelques années après, et la mère du jeune Duplessis reprit son fils auprès d'elle.

En entendant sa mère, ainsi que ses sœurs, prier à la mode de Genève, quoique fort jeune encore, il se prit à réfléchir; il se procura un Nouveau-Testament, qu'il eut soin de prendre chez un libraire catholique par précaution, se mit sérieusement à le lire, à le méditer, et, comme il n'était dirigé, dans cette lecture, que par l'amour de la vérité, il ne tarda pas à s'apercevoir que les doctrines de l'Église romaine ne s'accordaient pas toujours avec les enseignements du Christ et des apôtres.

A ce moment, la fortune semblait lui sourire; tout s'offrait à lui : bénéfices riches et nombreux, dignités ecclésiastiques de la première importance; il n'avait qu'à choisir, mais son choix était déjà fait.

La Réforme, surtout telle que l'avait formulée Calvin, attirait cette âme si ardemment éprise de vérité; dès lors, il l'embrassa et lui consacra, on peut le dire, toute sa vie, toutes ses forces, sans compter son immense fortune.

M. de Mornay, dit M. Dargaud, dans son excellente

Histoire de la liberté religieuse en France, « était l'un des serviteurs les plus dévoués de Henri de Bourbon et l'un des plus grands citoyens de la France au XVIe siècle. Il fut bien plus qu'un talent : il fut un caractère sous un roi gascon et dans une cour essentiellement diplomatique et hypocrite.

C'était une âme trempée et retrempée aux guerres religieuses. Il ne désirait rien au-delà du devoir et ne craignait que Dieu. C'était un stoïcien, un sage et un docteur de la Réforme. Il représentait, parmi les protestants, la science et la conscience. On l'appelait le « pape des huguenots. »

Et ce n'est pas là un témoignage banal et sans valeur, puisque M. Dargaud n'est pas de notre communion. Duplessis le méritait, en effet ; c'est parce qu'il fut l'homme de la conscience et du devoir, qu'il fut un héros dans toute l'acception de ce mot, un caractère ferme et résolu, une âme vraiment supérieure, une personnalité enfin qui n'a d'égale que Coligny au XVIe siècle. Tour à tour diplomate distingué, grand capitaine, politique éminent, conseiller de Henri IV, écrivain supérieur, soit comme apologète, soit comme controversiste, il eut toujours à cœur les intérêts de la vérité et les fit toujours passer au-dessus des siens, n'ayant pas même l'air de penser qu'on pût faire autrement.

Nous ne saurions l'envisager ici à tous ces points de vue ; c'est surtout comme apologète, comme auteur de la *Vérité de la religion chrétienne* que nous voudrions le faire connaître.

Son traité se divise en trente-quatre chapitres d'une inégale importance, où il veut montrer que : « qui considérera, comme en un tableau, la promesse et les prophéties du Christ, la venue de Jésus, le progrès de son Évangile, ne pourra nier qu'il ne fût envoyé de Dieu et Dieu même. »

Pour plus de clarté dans notre exposition, nous rangerons sous cinq chefs principaux les matières traitées dans ce volume : Dieu, l'homme, leurs rapports, le besoin et les marques d'une révélation, la reconnaissance de ces moyens dans la révélation chrétienne.

L'auteur débute par une épître dédicatoire, selon l'usage de l'époque; c'est à son roi Henri IV, qui n'était encore que roi de Navarre, qu'il la dédia... « En ces temps mémorables, dit-il, que l'impiété, qui ne saurait parler qu'à l'oreille et entre les dents, a osé se mettre en chaire et se dégorger en blasphèmes contre Dieu et son Évangile, j'entreprends, par une nouvelle hardiesse, selon ce que Dieu a mis en moi, de la convaincre et par ses maximes et témoignages propres, sinon pour la faire revenir à meilleur sens, certes, au moins et je l'espère ainsi, pour la faire taire de honte et retenir son venin au cœur. »

L'entreprise est grande et hardie, l'auteur ne se le dissimule pas; mais le monde, l'histoire, Dieu enfin, qui secourt toujours ceux qui cherchent, avant tout, sa gloire, l'enhardissent. « Ce monde est une ombre de la splendeur de Dieu, l'homme est son image, et, s'il est évident que le monde est fait pour l'homme, quelle est notre obligation envers notre créateur? quelle est la dignité de la créature? quel est son but? sinon d'adhérer totalement à son Créateur. Celui pour qui est fait ce monde sera fait pour plus que le monde; or, c'est là le fondement de toute religion; car religion n'est proprement autre chose que l'école où nous apprenons le devoir de l'homme envers Dieu et le moyen d'être unis étroitement à lui. »

L'auteur remarque encore l'ordre, l'harmonie du monde et le désaccord entre l'homme et sa destinée.

Vient ensuite une très-belle préface où l'auteur demande pardon d'en être réduit à défendre la religion chrétienne, soit contre ceux qui se nomment chrétiens, soit contre les Gentils. « Certaines gens, dit-il, croient que toutes les religions, que tous les cultes sont également bons, comme si le Septentrion et le Midi menaient au même lieu.

« Avant que d'entrer en matière, dit-il, il nous faut répondre à deux objections : la première, que la religion ne se peut déclarer aux infidèles par raison; la seconde, qu'alors même qu'on le pourrait, il ne serait pas expédient de le faire. »

« On dit, d'abord, il est inutile de disputer contre ceux qui nient les principes. » Sans doute, ajoute notre auteur, « mais seulement contre ceux qui nient les principes par ces mêmes principes qu'ils nient; mais il peut rester d'autres principes communs aux uns et aux autres, et, par ces principes, on peut utilement disputer et même prouver et vérifier les siens propres. »

Le Juif, par exemple, nie l'Évangile, mais il accepte

l'Ancien-Testament : on pourra discuter sur cette base ; le Gentil n'accepte ni l'un ni l'autre, mais tous deux ont une commune nature, des principes communs : c'est sur ces principes qu'on pourra discuter.

« En second lieu, alors qu'on le pourrait, la foi ne doit pas se prouver par raison, parce qu'elle repose, dit-on, sur plusieurs choses qui excèdent l'homme, et la mesurer à la raison, c'est rabattre de sa dignité et de sa grandeur.

« Mais nous ne prétendons nullement, répond Mornay, qu'il ne faille croire qu'autant que la raison nous le prescrit ou qu'elle peut comprendre. Nous prétendons que la raison humaine nous peut conduire à ce point qu'il faut croire, même outre la raison, les choses auxquelles toute la capacité de l'homme ne peut atteindre. »

CHAPITRE Ier.

DE DIEU (1).

« Ceux qui font profession d'enseigner nous disent que jamais on ne trouve moins à dire que quand la chose qu'on traite est plus claire et plus connue d'elle-même que tout ce qu'on peut alléguer pour l'éclaircir; cela est plutôt compris d'un chacun par le sens commun que prouvé par subtilité de raison; ainsi les premiers principes, l'existence de Dieu. »

Preuves cosmiques données par l'auteur; l'homme supérieur aux plantes, aux animaux; l'homme nous mène à Dieu; sans Dieu il est inexplicable; consentement universel; citation des anciens poètes, qui ont admis un Dieu; quant à ceux qui n'y croient pas, « ce sont des gens qui craignent de le confesser de peur de le craindre et que la crainte des moindres choses leur fait confesser. »

Si quelqu'un doute de Dieu, « appelons hardiment d'eux à eux-mêmes, ne doutant nullement que leur conscience, qui ne se peut éteindre, ne la leur fasse sentir un jour. »

Il y a un seul Dieu (2).

« Le monde nous conduit à un seul Dieu. Tout, sur la terre, est concentré en un seul être : l'homme; cet

(1) Chap. i.
(2) Chap. ii, iii.

être doit subsister en la puissance d'un premier être dont l'homme n'est que l'ombre. »

« Mais d'où vient, se demande notre auteur, que ceux qui ont passé pour sages dans l'antiquité ont reconnu plusieurs dieux? » A cela il répond que, sous cette pluralité, ils reconnaissaient un Dieu unique.

Nous ne pouvons comprendre Dieu (1).

« Tout nous montre qu'il y a un Dieu, mais l'homme ne saurait le comprendre, car le plus grand n'est jamais compris par le moindre; il peut à peine comprendre, et seulement relativement, ce qui est au-dessous de lui. » Nous ne saurions donner à Dieu aucune qualité qui ne se rapportât au temps.

Si nous ne pouvons savoir ce qu'il est, nous pouvons au moins savoir ce qu'il n'est pas; nous affirmons qu'il est immobile, c'est-à-dire qu'il n'y a en lui aucun changement. Lorsque nous disons qu'il a été, qu'il sera, cela signifie simplement qu'il n'y a jamais eu aucune époque où il n'ait été, et qu'il n'y en aura jamais où il ne soit pas.

Sur la Trinité (2).

Il y a un Dieu, une nature active, qui agit par conséquent; cette nature intelligente engendre le Fils, éternel néanmoins comme le Père; c'est aussi cette nature qui, toujours active et intelligente, engendre l'Esprit de Dieu, éternel comme le Fils et le Père.

(1) Chap. iv.
(2) Chap. v, vi, vii, viii, ix.

Le monde a eu un commencement (1).

Le monde a-t-il eu un commencement? Question inutile si chacun voulait consulter son entendement. Le monde prêche son origine; tout l'atteste : l'origine des diverses sciences : la philosophie, même l'astrologie, la médecine, la législation, tout cela est récent.

La sagesse humaine a reconnu la création du monde. Le plus ancien écrit connu commence par ces mots : « Au commencement, Dieu créa le ciel et la terre. » Si on récuse la Bible, qu'on jette un regard sur les auteurs anciens, qui, tous, admettent cette création.

« Mais, ajoute l'auteur, contre la vérité nous recevons les syllogismes cornus, et, pour la vérité, les démonstrations parfaites ne nous suffisent pas. »

Que Dieu a créé le monde de rien, c'est-à-dire sans matière (2).

L'auteur ne sait ce qu'il doit le plus admirer : ou de l'intelligence ou de l'aveuglement des anciens, qui disent que de rien Dieu ne saurait rien faire. Admettons que Dieu a eu besoin de matière pour créer le monde : ou il l'a faite ou elle était, comme lui, éternelle. S'il l'a faite, il l'a faite de rien; si elle est éternelle, voilà deux éternités ensemble, ce que ne peut admettre notre raison; car qu'aurait été cette matière?

(1) Chap.
(2) Chap. x, xi, xii.

Que Dieu conduit le monde et tout ce qu'il contient par sa Providence (1).

Nous en avons le sentiment; et pourquoi ne le ferait-il pas? Serait-ce impuissance ou manque de volonté? Si c'était impuissance, comment le confesserions-nous tout-puissant? Si c'était manque de volonté, comment le confesserions-nous sage?

« Mais, dit-on, s'il y a une Providence, pourquoi les bons ont-ils tant de mal, et les méchants tant de bien? »

Nous demanderons d'abord quels sont les bons et les méchants; puis, quelles choses sont bonnes ou mauvaises; pour nous, nous ne comprenons pas que les bons aient du mal ou les méchants du bien, à moins qu'on n'appelle les riches, les grands, bons; les richesses, les grandeurs, la santé, biens : ce qui serait absurde. Nous ne comprenons donc pas que les bons aient du mal ou les méchants du bien; car, pour nous, les bons sont ceux qui suivent les vrais biens, c'est-à-dire la piété et la vertu, et les méchants sont ceux qui sont attachés aux vrais maux, c'est-à-dire au vice et à l'impiété.

Ne confondons jamais le bien avec le méchant, le mal avec le bon.

(1) Chap. x, xi, xii.

CHAPITRE II.

L'HOMME.

Que la sagesse humaine a reconnu la Providence (1).

Aussi bien que la création du monde, les anciens ont reconnu la Providence. La fortune n'est qu'un vain mot qui n'explique rien ; quant à la liberté de l'homme, elle n'est nullement atteinte par la Providence.

Que l'âme de l'homme est immortelle (2).

Dans les plantes, il y a l'âme végétative, qui les fait fleurir et fructifier ; c'est par là qu'elles diffèrent des pierres et des métaux, qui n'en ont pas. Dans les animaux, il y a de plus l'âme sensitive, par laquelle ils voient, flairent, goûtent ; dans l'homme, il y a tout cela, ce qui fait qu'il est plante et animal tout ensemble ; « mais nous y voyons de plus un esprit qui discourt et qui contemple, qui fait profit de ce que rapportent les sens, qui, par ce qu'il voit, conçoit ce qu'il ne voit point, conclut de ce qui est ; nous l'appelons âme intellectuelle, et c'est ce qui fait que l'homme est homme et non plante ou animal, comme les autres qui ont vie, et qu'il est image ou ombre de la divinité. »

Que la nature de l'homme est corrompue et l'homme déchu de sa première origine (3).

Que l'homme ne s'enorgueillisse pas de son excellente nature, car, plus il a reçu, plus il doit ; il a tout

(1-2) Chap. XIII, XIV, XV.
(3) Chap. XVI.

reçu du Créateur : non-seulement l'être, mais aussi l'intelligence, l'entendement, « par lequel il connaît, en toutes choses, ce qu'elles ont et ce qu'elles font qu'elles-mêmes ne connaissent pas. »

« Si nous considérons la police et l'ordre du monde, aussi clairement y pourrons-nous noter que l'homme n'y tient plus son rang, et qu'il est déchu du siége d'honneur où Dieu l'avait placé.

« Qui verrait quelqu'un, je vous prie, un diadème fangeux à la tête, labourer la terre et suivre une charrue; que pourrait-il présumer, sinon qu'il serait déjeté de son trône, et que quelque méchef lui serait advenu. »

. . . .

« Depuis quand cette corruption en nous? Si nous suivons le cours de cette rivière humaine jusqu'à sa source, toujours la trouvons-nous polluée et troublée. »

Les anciens sont d'accord avec nous de la corruption de l'homme (1).

« Si l'homme avait été créé vicieux, il n'aurait conscience ni repentir, car le repentir présuppose coulpe, et il ne peut y avoir coulpe ni peine en ce qui se fait selon la création, mais seulement en ce qu'on s'en détourne. »

Or, partout nous voyons établis des prières et des sacrifices, pour le pardon des péchés, chez les anciens aussi bien que chez les peuples actuels; il doit donc y avoir péché.

(1) Chap. xvii.

CHAPITRE III.

RAPPORTS DE L'HOMME A DIEU.

Dieu est le souverain bien de l'homme; partant, le principal but de l'homme est de retourner à Dieu (1).

En considérant l'homme et le monde, nous voyons que le monde est fait pour l'homme et non l'homme pour le monde ; aussi, le monde ne saurait-il être le but de l'homme. Or, après quoi court-il? Les Épicuriens cherchent leur satisfaction dans le plaisir et la volupté ; les Stoïciens, dans la vertu morale ; pour nous, d'accord avec la philosophie aussi bien qu'avec la raison humaine, le vrai bien, c'est de connaître et servir Dieu, jouir de lui et le posséder là-haut.

(1) Chap.

CHAPITRE IV.

LE BESOIN ET LES MARQUES D'UNE RELIGION.

Que la vraie religion est le chemin pour parvenir à ce but (1).

C'est la religion qui doit nous servir comme de pont pour traverser l'abîme qui nous sépare de Dieu ; il ne saurait y avoir que celle que Dieu nous a donnée. « Une première marque de la vraie religion, c'est qu'elle est la droite règle de servir Dieu et réconcilier et réunir l'homme à lui pour son salut; toute religion donc qui nous fera chercher notre bien ailleurs qu'en Celui qui a fait tout bien, nous sera non-seulement une vanité ou un fourvoiement, mais un détour de brigandage et un précipice de malheur. »

De quelle manière devons-nous servir Dieu? Lui-même doit nous le faire connaître.

« La seconde marque de religion, c'est que le service de Dieu que la religion nous enseignera soit fondé en sa Parole et nous soit révélé par lui-même.

« La troisième marque de la vraie religion, c'est qu'elle nous mette en main un moyen de satisfaire à la justice de Dieu, sans lequel, certes, non-seulement les autres religions, mais celle-là même qui contiendrait le vrai service de Dieu serait vaine et inutile. »

Chap. xx.

Dans le chapitre XXI, l'auteur nous dit que les Juifs seuls, dans l'antiquité, ont servi le vrai Dieu.

Dans les chapitres XXII et XXIII, il consacre de longues pages et un luxe vraiment prodigieux d'érudition, pour nous prouver comme quoi les dieux adorés par les Gentils étaient hommes consacrés par la postérité et démons, c'est-à-dire diables ou malins esprits.

En Israël (1), et seulement là, nous devons chercher le vrai service de Dieu révélé par lui-même. Une preuve de cette révélation, c'est son antiquité; on nous objectera peut-être que les livres que nous avons sous les noms de Moïse, de Josué, ne sont pas de ces auteurs; mais une critique impartiale établit assez qu'ils ont été écrits par eux : le caractère même de ces auteurs, le style, la simplicité, la manière dont ces livres ont été conservés, le prouvent assez.

Qu'il y a dans la Bible ou Ancien-Testament des choses qui ne sont procédées que de Dieu (2).

Dieu veut être cru sur sa simple parole et d'autorité; c'est ainsi qu'il nous commande de croire. La Bible parle à tous avec la même autorité, parce qu'elle est au-dessus de tous. Les anciens confirment plus ou moins les récits qu'elle nous fait. La chute, que nous ne pouvons pas ne pas admettre, se trouve racontée d'une manière raisonnable dans le seul livre de la Genèse, qui nous en donne l'histoire et la cause; ainsi de tant d'autres événements. « Au reste, ajoute notre auteur,

(1) Chap. XXIV.
(2) Chap. XXV, XXVI.

ce que nous pensons absurde en l'Écriture, c'est au regard de notre ignorance ; ce qui nous y semble impossible, en comparaison de notre impuissance ; qui la veut rejeter, n'y a homme qui le persuade. »

Le moyen donné par Dieu pour le salut du genre humain a été révélé de tout temps à Israël (1).

Le vrai et unique moyen pour le salut du genre humain a été de tout temps enseigné à Israël ; nous savons que nous sommes déchus de notre origine ; il faut donc que la colère de Dieu soit apaisée. « C'est là que nous avons besoin d'une religion, qui ne saurait être que vaine et inutile, ou plutôt une augmentation à nos tourments, si elle ne nous adressait à un Rédempteur, à un Sauveur. Mais encore faut-il que Dieu exécute sa justice sans se départir de sa miséricorde, et exerce sa miséricorde sans préjudice de sa justice ; il faut absolument qu'il intervienne entre sa justice et sa miséricorde ; ce sera le Fils de Dieu, Dieu et homme : homme né sous la loi, Dieu pour la parfaire. »

Ce rédempteur (1) est annoncé de tout temps en la religion d'Israël, « net en sa nature humaine et suffisant en la divine pour nettoyer la nôtre. »

Reste à savoir maintenant si ce rédempteur est venu au monde ou non. Les Juifs l'attendent encore ; les chrétiens croient qu'il est venu.

Jacob le prédit à ses fils, sur son lit de mort, dans la terre du Scilo... Le prophète Aggée, parlant du nou-

(1) Chap. xxvii.
(2) Chap. xxviii, xxix.

veau temple construit par Zorobabel, prédit que ce nouveau temple, quoique inférieur à celui bâti par Salomon, sera néanmoins supérieur en gloire, parce qu'il verra le Désiré des nations. Une troisième preuve que le Messie est venu se tire du calcul des semaines dont parle le prophète Daniel.

CHAPITRE V.

LA RECONNAISSANCE DES MARQUES DE LA RELIGION DANS LA RÉVÉLATION (1).

Jésus est le Christ; il fait des miracles au milieu du peuple juif; mais quel plus grand miracle que de donner à ses disciples la force et le courage de mourir pour sa parole, de convertir les nations en son nom! Ses miracles ne sont pas inspirés par la magie. Comment ses ennemis ne l'auraient-ils pas découvert?

Au reste, sa doctrine si admirable répond pour eux; si elle était du diable, on pourrait se demander à quelle marque on reconnaîtrait celle de Dieu.

La résurrection de Jésus doit être vraie; le corps ne saurait avoir été enlevé, puisqu'il y avait des gardes; du reste, qu'auraient gagné ses disciples à avoir son corps? C'est aussi au nom de cette résurrection qu'ils prêchent et meurent. On ne saurait mourir pour une imposture.

Solution des objections que les Juifs allèguent contre Jésus (2).

Jésus ne saurait être le Christ, disent-ils, car qui l'aurait mieux reconnu que la grande Synagogue? De ce qu'elle ne l'a pas reconnu, nous en concluons qu'il

(1) Chap. xxx.
(2) Chap. xxxi.

est le Christ, car cet aveuglement avait été prédit par les prophètes.

Les Juifs objectent encore son état d'humilité ; mais c'est à cela que nous le reconnaissons ; « c'est là ce qui fait la grandeur de son œuvre, qu'il l'ait accomplie avec si peu de moyens extérieurs. »

Que le Christ est Dieu, Fils de Dieu (1).

Préparation parmi les Gentils ; dispersion des Juifs et de leurs livres sacrés. Jésus naît pauvre, obscur, impuissant ; mettez en regard l'empire romain avec sa splendeur et sa puissance, ses philosophes. Quelle résistance lui font les hommes et en particulier et en général ! À peine commence-t-il à parler, qu'il meurt ; ainsi de ses apôtres. Quelle secte de philosophes y a-t-il en Grèce qui, au moindre commandement du magistrat, n'eût cessé ?

« Si les empereurs, et par leurs glaives et par leurs lois, faisaient une cruelle guerre à cette doctrine, pensons quelle était celle que démenait chacun, et, si nous avons vu ce qu'est la persécution, ramentenons-nous (ressouvenons-nous) ici des combats de la chair contre l'esprit et les vifs et poignants arguments de l'homme contre soi-même. Cependant, les peuples se rendent enfin à la parole de ces hommes ; les empires adorent Jésus-Christ crucifié. Si c'est infirmité, que ne vainquait la force ! Si c'est folie, que ne triomphait la sagesse ! »

(1) Chap. xxxii.

Le chapitre xxxiii contient des récriminations assez banales, et même trop sévères, sur les païens en général.

Que l'Évangile contient l'histoire et la doctrine de Jésus, Fils de Dieu (1).

Jésus n'a rien écrit sur sa vie et son ministère; peut-être l'aurait-on suspecté. Mais voici ses apôtres, qui ont vécu avec lui, qui ont vu ce qu'ils racontent, qui le racontent alors que tous les témoins sont vivants, et qu'on pourrait les démentir; ces hommes n'ont aucun avantage à nous tromper; bien plus, ils scellent de leur sang cette parole.

Le style du Nouveau-Testament est simple, sans rhé-torique; les diverses faiblesses des apôtres y sont naï-vement racontées. Marc écrit tranquillement, sous l'ins-piration de Pierre, que cet apôtre a renié trois fois son maître.

Quant à la résurrection, elle avait été prédite et s'ac-complit dans les circonstances les plus naturelles, et qui devraient porter la conviction et la certitude dans le cœur des adversaires.

« Mais quelle iniquité en ces gens qui veulent croire et être crus de tous sans témoins et sans enquête, et auxquels, pour croire leur salut, nul témoignage ne peut suffire.

« Or, avons-nous déduit qu'il y a un Dieu, qu'il a créé le monde pour l'homme, l'homme pour sa gloire,

(1) Chap. xxxiv.

l'un et l'autre sans matière ; qu'il les conduit par sa Providence, l'un selon la nature (c'est une loi stable et ferme qu'il a prescrite au monde), l'autre selon entendement et volonté qu'il lui a donnés, qu'il redresse toujours, quelque détour qu'il prenne, à son but, à sa volonté sainte. »

Appréciation de l'apologétique de Mornay.

Nous avons achevé l'analyse de l'apologétique de Mornay. Nous voudrions avoir réussi à faire connaître et aimer cette œuvre si peu connue et si digne de l'être. Notre siècle, si fier de ses progrès, de ses connaissances dans tous les domaines, se préoccupe, en général, trop peu de ces hommes du XVIe siècle, si supérieurs cependant à tant de points de vue ; songeons pourtant qu'ils sont nos maîtres, et que nous aurions encore beaucoup à apprendre à leur école.

Mornay, en particulier, considéré soit comme controversiste, soit comme apologète, ne peut que gagner à être connu davantage.

Sans doute, comme le fait remarquer M. Viguié (1), « la forme et la méthode de cette apologétique se ressentent, surtout dans les détails, des influences de la philosophie régnante. Il y a parfois une place excessive accordée à la dialectique, et certains raisonnements ne manquent pas de subtilité ; l'auteur est vraiment scholastique quand il administre certaines preuves, et sur-

(1) *Histoire de l'apologétique dans l'Église réformée française.*

tout quand il part du fait que, le dogme, quel qu'il soit, étant posé, il s'agit de l'établir scientifiquement. »

On ne saurait dire non plus que la marche générale de l'ouvrage ne manque pas d'une certaine unité, qu'elle ne soit pas un peu embarrassée, et que décidément l'érudition n'y tienne pas une trop grande place ; au reste, l'auteur semble aller de lui-même au-devant de cette critique quand il dit « qu'il sera quelquefois long et peut-être ennuyeux au lecteur. »

Mais comment en eût-il été autrement dans ce XVIe siècle, où l'on était si avide de travail, de connaissance, de savoir? Ce n'est, certes, pas à notre époque que l'on fera un reproche de cette nature.

Cette part faite à la critique, nous sommes à l'aise pour louer notre auteur. La première impression qui ressort d'une lecture attentive de la *Vérité de la religion chrétienne*, c'est que Mornay est vraiment un chrétien, un croyant sincère ; à trois siècles de distance, il nous émeut, nous touche encore ; on sent la vie circuler au travers de chacune de ces pages ; on s'aperçoit vite qu'il ne fait pas un métier de rhéteur, qu'il n'écrit pas seulement pour écrire, mais qu'il travaille à la gloire de Dieu, qu'il veut remplir un devoir.

Ce qui ajoute encore au charme de cette lecture, c'est que, dans ce XVIe siècle, si ardent, si passionné pour toutes les questions de controverse, Mornay, et ce n'est pas un mince éloge à nos yeux, s'en abstient complètement, et pourtant, quand il traçait ces lignes, il relevait d'une grave maladie : maladie, il faut bien le dire, due à quelqu'un de ces fanatiques qui ne pouvaient se consoler de l'avoir vu échapper au massacre de la Saint-Barthélemy ; et, cependant, pas une parole d'aigreur, pas un mot, contre ses ennemis mortels, alors cependant que son sujet l'y portait tout naturellement.

La seconde impression que l'on retire de cette lecture, c'est que Mornay est un esprit vraiment supérieur, un homme taillé pour manier la plume aussi habilement que l'épée. On est confondu de sa supériorité à tous les points de vue, et l'on ne sait en vérité ce dont il faut le plus s'étonner : de l'écrivain ou du penseur ; et certainement, à ces deux points de vue, s'il était catholique plutôt que huguenot, il serait admiré à l'égal des plus grands parmi ses contemporains.

L'apparition de son apologétique est un fait capital au XVIe siècle, soit au point de vue social, soit au point de vue religieux.

C'est le laïque s'affirmant, reprenant possession de ses droits dans l'Église ; ce n'est, du reste, que la conséquence du grand principe de la Réforme, qui, partant du droit, pour chaque fidèle, de lire et d'expliquer la parole de Dieu, doit nécessairement aboutir au développement de la personnalité, de l'individualité, dans tous les domaines.

Il est à remarquer, en effet, dans ce XVIe siècle, que, hors la grande personnalité de Calvin, presque toutes les grandes figures de la Réforme sont des laïques : Coligny est son grand capitaine ; Mornay, son grand théologien. Aujourd'hui que nous avons entrevu plusieurs des conséquences de la Réforme, que la liberté religieuse est en quelque sorte entrée dans nos mœurs, que nous sommes habitués à faire assez peu de différence entre le pasteur et le laïque, il nous est difficile de comprendre quelle impression dût produire la publication de ce livre remarquable.

Quoi qu'il en soit, la Réforme, en France, a un caractère essentiellement laïque qui nous rappelle involontairement que nous sommes tous destinés, selon la parole de l'Apôtre, à être rois et sacrificateurs. Mornay a parfaitement compris ce caractère, et n'a pas peu contribué à la maintenir dans ce courant.

Avec lui, nous entrons dans une nouvelle voie; désormais, il ne faudra plus être prêtre pour avoir le droit de lire, d'expliquer, de défendre la parole de Dieu : il suffira d'être homme, d'être chrétien. On entrevoit facilement les conséquences de ce principe; si vous accordez à l'homme la liberté religieuse, pourquoi ne pas lui accorder aussi la liberté politique et toutes les autres libertés? Ce sont, au reste, il faut bien le dire, ces conséquences entrevues qui ont armé contre la Réforme les rois et les despotes, qui ont fait allumer aux quatre coins du monde les bûchers de l'Inquisition; mais la vérité ne saurait périr. Les rois qui ont combattu la Réforme sont morts; les inquisiteurs qui ont essayé de l'anéantir dans des flots de sang ont passé : la Réforme a survécu à tous; semblable à cet oiseau dont nous parlent les anciens, elle est sortie vivante de ses propres cendres.

L'œuvre de Mornay est aussi une œuvre capitale, au point de vue religieux; c'est surtout à ce point de vue que nous voudrions l'envisager. Disons, d'abord, que sa méthode est essentiellement éthique et morale, c'est-à-dire prend sa base avant tout dans l'homme, non dans son intelligence et son entendement, mais dans sa conscience, dans son âme, au plus profond de son être. Au reste, c'est aussi le point de vue de nos Réformateurs et de tous ceux qui, dans l'Église réformée, se sont occupés d'apologétique ; il était impossible que ce point de vue ne se présentât pas à Mornay, étant donnée la base de la Réforme : la conscience reprenant possession de ses droits.

C'est là, proclamons-le bien haut, ce qui a fait la force et la grandeur de la nouvelle doctrine ; c'est qu'elle a compris que le christianisme, l'Évangile, est, avant tout, un fait, une vie ; qu'il ne consiste pas en un amas de formules plus ou moins bizarres, plus ou moins cabalistiques ; qu'il suffit d'apprendre et de retenir pour être chrétien ; qu'il ne suffit pas à un homme, quel qu'il soit, du reste, d'être membre d'une Eglise ou d'avoir reçu le Sacrement pour être sauvé ; être chrétien, c'est, à quelque dénomination, à quelque secte que nous appartenions, vivre de la vie du Christ, être étroitement unis à lui, en sorte que nous puissions dire avec l'Apôtre : « Je ne vis plus, mais Christ vit en moi. » Voilà la grande, la magnifique conception de nos réformateurs à propos du christianisme ; on comprendra facilement, pour peu que l'on y prenne garde, que notre auteur envisage l'apologétique à ce point de vue.

Avant la Réforme, on l'avait surtout envisagée à un point de vue intellectualiste : on était parti de Dieu, de l'Évangile, considéré comme magiquement révélé, comme une simple formule, comme un dogme apporté du ciel par quelque ange Gabriel ; le fait étant posé, il fallait l'accepter sans le discuter ; c'est là déjà la conception de quelques-uns des pères au IVᵉ siècle. Au reste, la notion de l'Église, au moyen-âge, n'avait pas peu contribué à enraciner ce point de vue étroit et mesquin ; il s'agissait, avant tout, de croire ce qu'enseignait l'Église, dont le chef suprême était le pape ; il en résultait que chaque fidèle était tenu, sous peine d'être déclaré hérétique et comme tel livré au bras séculier, de croire ce que croyait le pape.

Dès lors, toute idée de libre examen, de croyance, en dehors de l'Église, ne pouvait pas même germer dans le cerveau d'un catholique sans être aussitôt réprimée par la censure ou le bûcher ; c'était là la manière dont le catholicisme entendait la liberté religieuse.

La Réforme fut faite justement pour protester contre cet esclavage de la conscience, et affirma hautement, pour tout homme, le droit et le devoir de lire la Bible et d'être chrétien comme il l'entendrait ; la base de la Réforme fut donc l'Évangile librement interprété par chaque chrétien, interprété par l'esprit de Dieu, mais, en définitive, par la conscience, qui doit être le canal de cet esprit. La conscience se substitue donc au prêtre, et nous n'aurons plus un Dieu en quelque sorte arbitraire, qui apparaisse sans consulter les lois historiques ou psychologiques ; l'Évangile sera soumis, comme les autres livres, à la critique, à la loi du développement, et ne sera accepté de nous qu'autant qu'il répondra à nos besoins, qu'il nous donnera satisfaction ; en un mot, ce n'est plus parce que l'Église nous dit de croire que nous croirons ; ce n'est plus même parce que ce livre se dit venir du ciel que nous le recevrons, mais parce qu'il y a entre nous et lui une certaine loi d'affinité ; parce que ce qu'il nous dit de croire, c'est ce que nous avons besoin de croire ; parce qu'il fait vibrer en nous les fibres les plus secrètes de notre être moral ; parce que nous sentons que ce qu'il nous donne, c'est justement ce que nous cherchions depuis long-temps ; dès lors, nous disons avec les Samaritains : « Ce n'est plus parce qu'on nous dit de croire que nous croyons, car nous avons entendu nous-mêmes, et nous savons que Jésus est le Christ, le Sauveur du monde. »

L'Évangile ne perdra certes pas à être envisagé à ce nouveau point de vue ; il accepte tous les défis, il est de tous les siècles, il se plie à toutes les circonstances qu'il traverse, tout en restant ferme et inébranlable sur les doctrines fondamentales du salut.

Ceci nous explique suffisamment pourquoi nos Réformateurs, et Mornay en particulier, ont adopté ce point de vue pour l'apologétique ; de quoi s'agit-il, en effet ? De montrer la vérité de la religion chrétienne, c'est-à-dire, selon Mornay, « de montrer que la religion chrétienne est vraie, parce qu'elle possède les trois marques de la vérité et surtout le moyen de régénération et de réconciliation en Christ. » Comment nôtre auteur procédera-t-il : il mettra en présence le Dieu saint et juste, puis l'homme corrompu et pécheur, et s'attachera surtout à montrer « que la religion n'est proprement autre chose que l'école où nous apprenons le devoir envers Dieu et le moyen d'être unis étroitement à lui. »

La religion, en effet, étant un rapport entre l'homme et Dieu, il ne faut pas, sous prétexte que l'homme est pécheur et indigne de toute grâce de la part de Dieu, en faire complètement abstraction : alors, la religion n'aurait plus sa raison d'être ; mais il ne faut pas non plus, sous prétexte que l'homme est le sujet qui doit recevoir la grâce de Dieu, vouloir éliminer Dieu : ce serait tomber dans un excès contraire, mais non moins condamnable ; il y a là deux dangers également à redouter, et dans lesquels, du reste, sont tombés les hérétiques de tous les temps et de toutes les époques : amoindrir l'homme ou amoindrir Dieu ; faire prévaloir la raison ou l'exclure ; il faut toujours se souvenir que nous sommes de la race de Dieu, selon l'expression de l'Apôtre ; que nous ne sommes ni anges ni démons, mais que nous avons un peu des deux.

Le christianisme n'aurait rien à gagner à vouloir s'imposer par la violence : le Dieu de l'Évangile ne veut que des enfants de franche volonté. C'est ce que notre auteur a parfaitement compris ; voici, en effet, sa conception de la religion : « Qu'est-ce encore, à proprement parler, que la religion ? L'art de sauver l'homme. Et en quoi consiste cet art ? Premièrement, lui montrer qu'il est malade ; puis, que sa maladie est mortelle ; enfin, de lui enseigner le propre remède... Mais qu'est-ce que nous montrer tout cela, sinon nous mener jusqu'au bord de l'enfer, ou bien nous montrer le paradis de

bien loin, mais un gouffre horrible et infini entre
deux que l'homme ni le monde entier ne sauraient
combler ni passer? Or, si faut-il qu'il y ait un passage,
car le but de l'homme est d'être conjoint à Dieu et n'est
pas vain; le moyen d'être conjoint là-haut, c'est d'être
réconcilié ici-bas; et le moyen d'être réconcilié ici-bas,
comme nous l'avons dit, est unique : à savoir que Dieu
nous acquitte sans nous quitter de ce que nous lui devons.

« Cette religion donc, et non une autre, qui nous
mène à ce passage, et en la suite de laquelle nous le
trouvons, est la vraie, comme celle seule qui parvient
au but de religion, qui est de sauver l'homme. »

Voilà donc, pour notre auteur, le but de la religion
clairement défini : sauver l'homme tout en satisfaisant
la justice de Dieu; or, l'homme étant un être libre, il
faudra bien que ce moyen de salut soit à sa portée, qu'il
le comprenne au moins en partie pour le recevoir ou le
rejeter; d'un autre côté, il suffit de montrer qu'il est le
sujet qui a besoin d'un salut pour montrer, en même
temps, que ce salut doit lui venir d'un être plus puissant
que lui. Tenir compte de l'homme et de Dieu, voilà le
problème à résoudre pour tout apologète.

Sans doute, le livre de Mornay ne répond pas exacte-
ment à l'idée que nous nous formons aujourd'hui de
l'apologétique; c'est plutôt un traité sur l'existence de
Dieu, la destinée de l'homme, la question de la Trinité,
où l'érudition s'étale avec une profusion parfois fati-
gante; mais, tel qu'il nous apparaît, ce traité n'en est
pas moins une œuvre d'un mérite et d'un talent incon-

testables, et nous montre en notre auteur une intelligence étonnante, aussi bien qu'un attachement au devoir trop rare de nos jours.

Sa conception du christianisme est plus large qu'on ne pourrait l'attendre d'un homme qui n'était nullement théologien et qui vivait au XVIe siècle, au lendemain de la Saint-Barthélemy, au milieu des fureurs de la guerre civile.

Il a parfaitement aussi la conscience du peu de valeur de l'apologétique comme moyen de salut, et montre clairement qu'il n'y attache pas plus de valeur qu'il ne faut quand il dit : « Qui ne veut être persuadé, n'y a homme qui le persuade. »

Il ne faudrait pas, en effet, s'abuser sur le véritable rôle de l'apologétique, même au point de vue où nous l'envisageons ; il restera toujours entre les meilleurs arguments et le cœur humain tout un monde où il entassera sophisme sur sophisme, et, s'il faut dire ici toute notre pensée, c'est l'intention, le sentiment, qui peuvent nous faire comprendre notre état de péché et nous amener, humbles et repentants, au pied de la Croix.

On dit et on répète bien haut (peut-être ne parle-t-on si fort que pour s'étourdir, ou parce qu'on n'a pas la conscience d'avoir complètement raison) que le christianisme a fait son temps ; on ne laisse pas, comme pour montrer qu'on est tout à fait désintéressé dans l'affaire, de lui rendre hommage pour les services qu'il a rendus à l'humanité ; mais on ajoute aussitôt qu'il doit être fier d'avoir régné sur l'Europe tout entière durant plus de ix-huit siècles, d'avoir enfanté toute une civilisation, d'avoir conduit l'humanité comme par la lisière pendant si longtemps; volontiers on le couronnerait de fleurs pour le renvoyer, comme voulait le faire Platon pour ce poëte de l'antiquité, mais à la condition qu'il ne reviendrait pas. Et ce que nous disons-là, ce n'est pas seulement une coterie, comme au siècle dernier, qui le répète à satiété : c'est l'élite de la nation, ce sont ceux qui pensent, qui ont reçu du ciel la noble et périlleuse mission de servir de flambeaux à l'humanité : les romanciers, les littérateurs, les poëtes, les philosophes, les hommes de science surtout, et, il ne faudrait pas s'y méprendre, des hommes fort sérieux et fort honnêtes. C'est une lutte acharnée et de tous les instants, et comme n'en a peut-être pas encore soutenu le christianisme.

Toutefois, nous l'avouons, ces attaques, cette guerre à mort, en tant qu'elle détourne du christianisme une foule d'âmes qui suivent le torrent sans y prendre garde, nous attriste et nous afflige; mais, quant au christianisme, nous sommes parfaitement tranquille sur son compte; autant de temps que nous ne verrons poindre à l'horizon, pour le remplacer, que le positivisme de MM. Stuart-Mill, Littré, ou la philosophie de MM. Vacherot et Taine, ou bien encore les idées de M. Vogt ou autres, nous pensons que la religion du Christ, non-seulement n'a rien à redouter, mais, au contraire, a tout à gagner.

Les savants modernes et les philosophes repoussent le christianisme à cause du mystère, ou bien encore à cause de son désaccord avec l'idée moderne de progrès. Les arguments ne sont pas nouveaux, mais il faut avouer

qu'ils sont développés avec tant d'art et de sophisme,
par des talents si distingués, qu'on pourrait trembler
s'il ne s'agissait du christianisme.

Il faudrait commencer à s'entendre une fois pour toutes sur ce mot de mystère ; si, par là, nos adversaires
veulent seulement dire que la religion est une sorte de
chaîne dont nous n'apercevons pas les derniers chaî-
nons, un cercle dont une portion nous est cachée, en un
mot que le christianisme nous révèle bien certaines vé-
rités, mais qu'il en laisse un grand nombre d'autres
dans l'ombre, nous leur dirons simplement qu'une religion que, nous comprendrions complètement ne serait
pas précisément une religion, ou que, du moins, nous
n'en aurions pas besoin.

Au reste, il y a ici confusion, et il faudrait donner des
bases nettes et précises à la discussion. Nous prétendons,
nous, que, pour saisir la religion, ses preuves, son uti-
lité, son importance, il faut se servir du sentiment du
cœur et non pas seulement du raisonnement, de l'intelligence, qui ne fait trop souvent que dessécher. Pense-
rait-on que la place occupée par le sentiment, l'intuition,
n'a pas une valeur aussi importante, dans le développement de notre vie, que celle occupée par l'intelligence et
le raisonnement. Nous ne nions nullement la valeur de
l'intelligence ou du raisonnement dans les sciences, soit
naturelles, soit mathématiques ; qu'on accorde donc
aussi que le sentiment et l'intuition ont leur valeur.

Au reste, nous pourrions demander à nos adversaires
si, même dans les sciences dont les résultats sont le
plus incontestables, le mystère ne les environne pas de

toutes parts. Le vulgaire qui voit tomber une feuille se demande la raison de ce phénomène ; elle tombe parce qu'elle est pesante ; le savant qui ne se contente pas de cette explication, après avoir réfléchi, généralisera cette loi, prouvera que tous les corps tombent les uns vers les autres, suivant des règles invariables ; il croit avoir tout dit quand il a dit que les corps gravitent les uns vers les autres en raison directe de leur masse et inverse du carré de leur distance ; en somme, il n'a fait que reculer la difficulté : il n'a rien expliqué. De même, qu'est-ce que la chaleur ? la lumière ? Quelle est la loi qui régit l'union de l'âme et du corps ? Autant de mystères, et on s'étonne d'en voir dans la religion, c'est-à-dire dans ce qui se trouve justement le plus en contact avec l'infini ! Encore une fois, une religion sans mystères serait parfaitement inutile.

Quant au prétendu désaccord entre le christianisme et l'idée de progrès, nous voudrions d'abord qu'on ne le confondît pas avec une certaine église ; ensuite, nous demanderons simplement à nos adversaires de nous signaler une idée, une seule idée grande, noble, généreuse, ayant trait à l'intérêt général de l'humanité, qui ne se trouve pas en germe dans l'Évangile.

De quel droit vient-on nous dire que le christianisme a fait son temps ? Quels arguments invoque-t-on ? Par quoi voudrait-on le remplacer ? Voit-on que la parole de Jésus, soit au point de vue de la forme, soit au point de vue du fond, ait perdu de son importance et de sa valeur ! A-t-on vu, depuis dix-huit siècles, un seul système de philosophie proclamer quelque vérité importante que cette parole ne l'ait proclamée auparavant? Les travaux historiques, philosophiques, scientifiques surtout, sont-ils venus donner un démenti à cette parole, et ne l'ont-ils pas plutôt confirmée? L'ont-ils dépassée ou même atteinte au point de vue de la simplicité, de la popularité ou de la profondeur? Oserait-on dire à la foule, à la multitude qui ne saurait suivre les philosophes dans toutes leurs abstractions : « Nous avons remplacé la parole de Jésus; désormais, vous ne lirez plus l'Évangile, si ce n'est comme un livre ordinaire, renfermant de sublimes légendes; vous ne croirez plus au Christ; vous ne prierez plus en son nom; vous ne vous prosternerez plus au pied de la croix, jadis symbole de votre salut; ce Jésus, que vous croyez vivant, est resté dans le tombeau; il a été un homme sublime sans doute, mais enfin il ne pouvait pas échapper à la loi générale de l'humanité. »

Philosophes, hommes de science, que repondrez-vous à cette foule, à cette multitude, quand elle vous demandera à quoi elle doit croire, ce qu'elle doit espérer, au nom de qui elle doit prier? de grâce, laissez-nous à nos rêves, à nos illusions, en attendant que vous ayez trouvé de quoi les remplacer!

Pour nous, nous croyons à la parole de celui qui a dit : « Les cieux et la terre passeront, mais mes paroles ne passeront pas. » Cette parole est immuable et éternelle, comme Celui dont elle n'est que le reflet; c'est elle qui a préservé le monde ancien d'une ruine imminente, en le transformant, en le changeant; c'est elle qui a présidé à la formation, au développement de nos sociétés modernes ; c'est elle qui a conduit l'humanité dans cette voie de progrès et de civilisation, où elle ne doit plus s'arrêter ; c'est elle enfin qui, triomphant de tous les obstacles qu'on lui opposera, doit la conduire à de nouvelles conquêtes et la soutenir jusqu'au jour glorieux où « la connaissance de l'Eternel remplira la terre comme les eaux couvrent le fond de la mer. »

THÈSES.

I.

La religion nous est nécessaire, parce qu'elle répond à un besoin permanent et intime de notre nature.

II.

Le fond de l'apologétique de Mornay est essentiellement éthique et moral.

III.

Le christianisme est avant tout un fait, une vie, qui doit pénétrer le chrétien.

IV.

Pour remplir le rôle qui lui est assigné, l'apologétique doit, comme l'a fait Mornay, et après lui Pascal et Vinet, s'appuyer sur la preuve interne.

V.

Il ne nous suffit pas de savoir que Dieu est puissant : nous voulons savoir qu'il est amour ; Jésus-Christ seul est venu nous révéler cet amour.

VI.

La philosophie et la religion doivent se donner la main, mais ne pourront jamais se remplacer l'une par l'autre.

VII.

Plus l'homme sent son péché, plus il sent le besoin d'un Sauveur.

———

Le Président de la soutenance,
Charles BOIS.
Montauban, le 6 novembre 1871.

Vu par le doyen :
SARDINOUX.

Vu et permis d'imprimer :
Le Recteur,
GATIEN-ARNOULT.

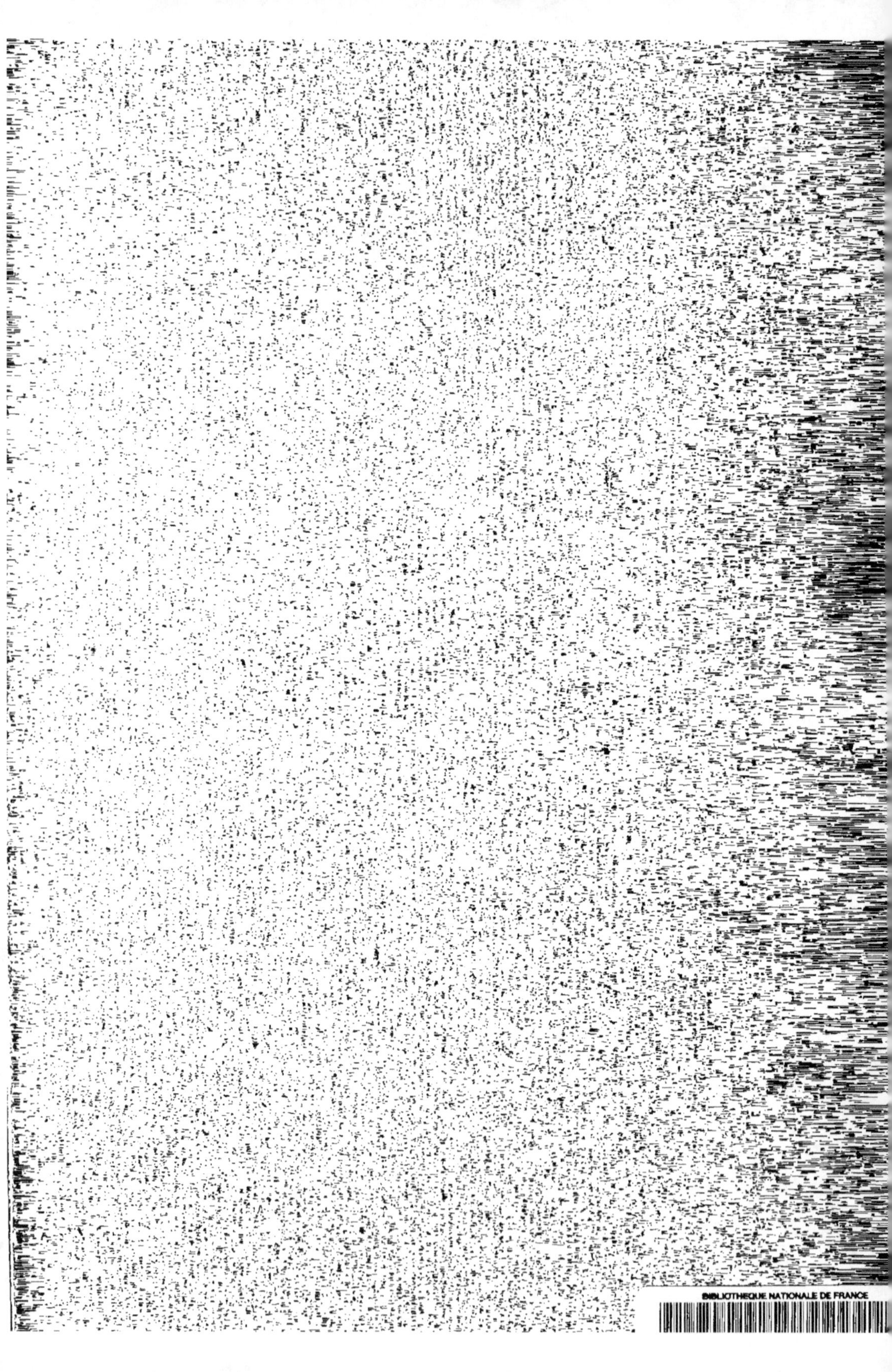